AF480485

Nudo

Nu

Italiano-Portoghese (Portogallo)

Libro illustrato bilingue per bambini

Richard Carlson

Suzanne Carlson

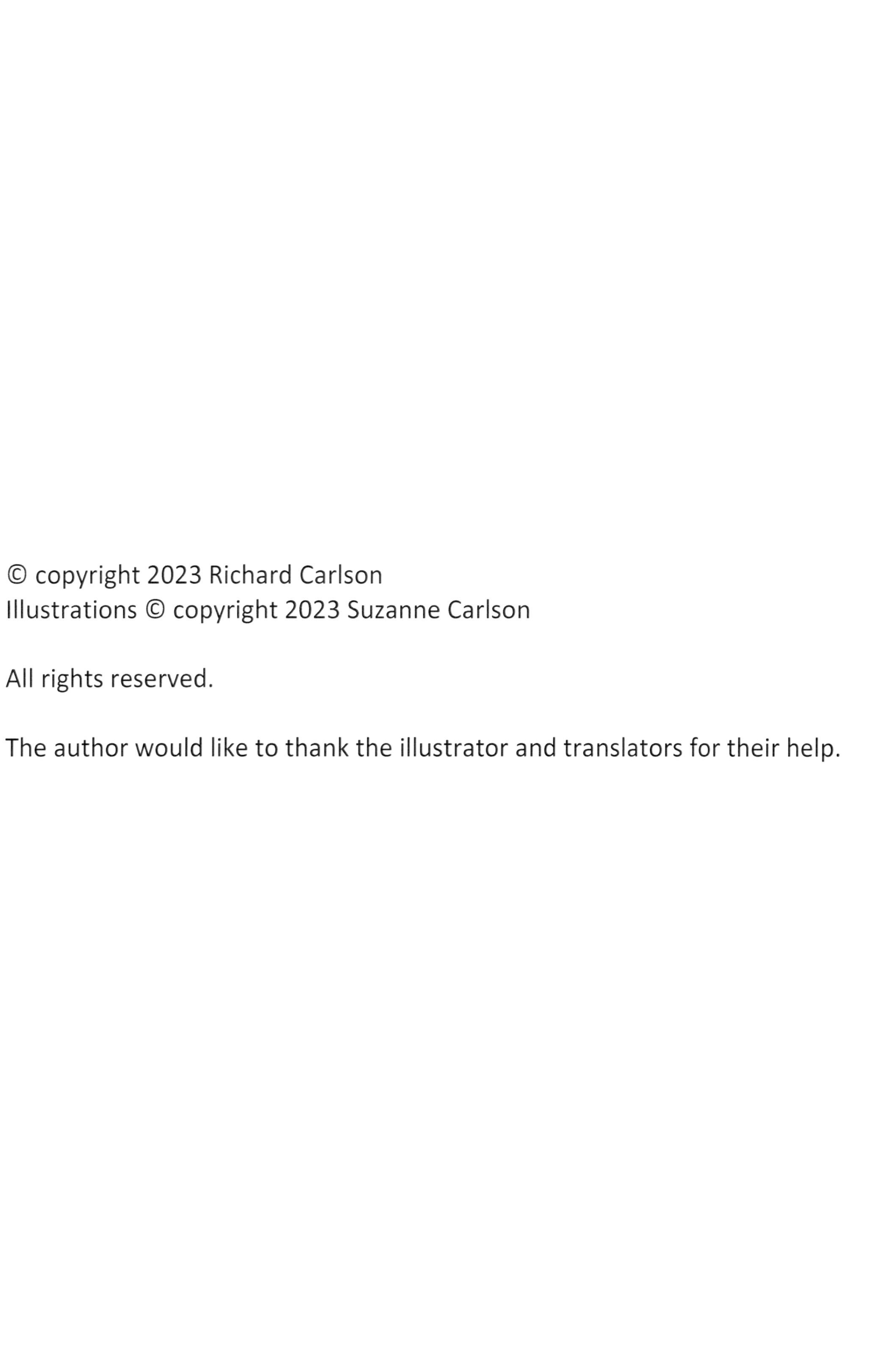

The author would like to thank the illustrator and translators for their help.

I miei due fratelli minori, Michael e Steven, ed io stavamo lottando in un'enorme, densa e profonda pozzanghera di fango nel nostro cortile. Poi, è arrivata l'ora di cena.

La mamma è entrata nel cortile sul retro e ha detto: "Spogliatevi che vi lavo".

Os meus dois irmãos mais novos, o Michael e o Steven e eu estávamos a lutar numa poça de lama enorme, espessa e profunda no nosso quintal. A seguir, estava na hora de jantar.

A mãe dirigiu-se para o quintal e disse "Dispam as vossas roupas, e dar-vos-ei um banho de mangueira."

Michael e Steven si sono tolti tutti i vestiti, ma io ho lasciato le mutande.

"Togliti le mutande", ha detto la mamma.

O Michael e o Steven despiram todas as suas roupas, mas eu fiquei com a minha roupa interior.

"Tira a tua roupa interior," disse a mãe.

Mi è venuto un nodo in gola. Sarah, una ragazza della mia età, abitava nella casa accanto.

Sarebbe stato già abbastanza brutto per una ragazza vedermi in mutande, figuriamoci vedermi nudo. Sentivo il cuore che mi batteva in gola.

O meu estômago caiu no chão. A Sarah, uma miúda da minha idade, vivia na casa ao lado.

Já seria suficientemente mau uma miúda ver-me só em roupa interior, quanto mais ver-me nu. Senti o meu coração bater junto da garganta.

"Non voglio", risposi, accigliato e indicando la casa accanto alla nostra. "Sarah potrebbe vedermi nudo".

"Não quero" respondi, franzindo o sobrolho e apontando para a casa ao lado. "A Sarah pode-me ver nu."

"Va bene, puoi lasciartele addosso", ha risposto la mamma con un grande sorriso. Ho sentito il mio stomaco nervoso e tremante tornare alla normalità.

"Ok, podes ficar com ela vestida," respondeu a mãe com um grande sorriso. Senti o meu estômago trémulo e nervoso voltar de novo ao normal.

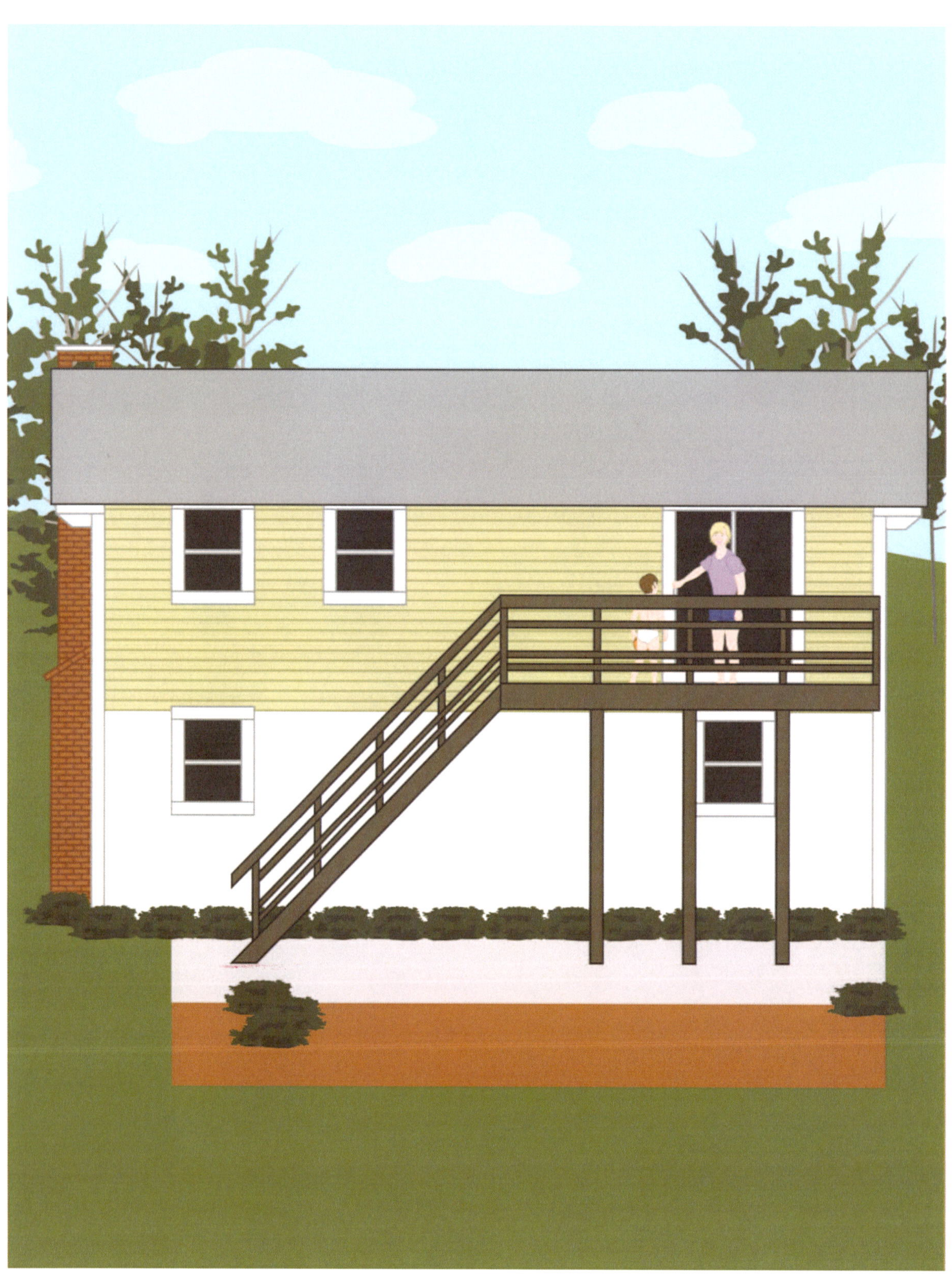

La mamma mi ha spruzzato per lavarmi, poi abbiamo salito le scale fino al pianerottolo e siamo entrati attraverso la porta scorrevole.

A mãe borrifou-me com água até ficar limpa, e depois subimos as escadas até ao terraço e entrámos pela porta de correr.

Dentro, mi sono sentito al sicuro, allora mi sono tolto le mutande. I miei fratelli ed io andammo velocemente, nudi, nelle nostre camere da letto e ci vestimmo di fresco.

Sono così felice di aver detto alla mamma come mi sentivo!

Dentro, senti-me seguro, por isso tirei a minha roupa interior. Os meus irmãos e eu avançámos rapidamente, nus, para os nossos quartos e vestimos roupas limpas.

Estou tão feliz por ter dito à mãe como me sentia!

Informazioni sul libro: Richard è un ragazzo molto timido, sensibile e fantasioso. Non c'è niente di più imbarazzante per lui di essere visto nudo da una ragazza. La mamma capirà la sua situazione e lo aiuterà a uscire dalla situazione scomoda in cui si trova? Basato su una storia vera accaduta a Stormville, nello stato di New York, USA, intorno al 1979.

L'autore: Richard Carlson Jr. è un autore di libri bilingui per bambini. www.richardcarlson.com

L'illustratrice: Suzanne Carlson, artista dotata di un talento poliedrico, si diverte a creare un'ampia gamma di progetti. www.suzannecarlson.com

* 9 7 9 8 8 6 9 0 5 5 2 3 1 *